la mer

Titre original de l'ouvrage: ''el mar''
© José M.ª Parramón Vilasaló

© Bordas. Paris. 1986 pour la traduction française
I.S.B.N. 2-04-016599-1
Dépôt légal: février 1987

Imprimé en Espagne par
Expograf, Sant Adrià, 52 (Barcelona)
en février 1987
Dépôt légal: B-2.377-87
Numéro d'Editeur: 785

la bibliothèque des tout-petits

María Rius
Josep Mª Parramón

la mer

Bordas

Quand tu vois de l'eau, beaucoup d'eau,
et des mouettes qui volent;

quand tu entends les vagues
se fracasser contre les rochers;

quand tu vois les pêcheurs
avec leurs barques pleines de poissons,

et les marins qui réparent leurs filets;

quand tu regardes l'horizon
et que tu vois naviguer des bateaux

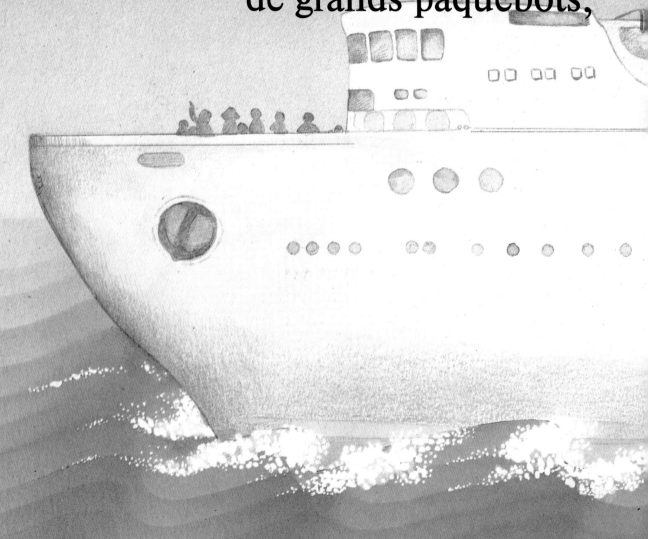

et des gens qui voyagent sur
de grands paquebots;

quand tu vois, en été, des gens
se baigner,

s'allonger sur le sable,
et parfois se protéger
du soleil;

quand tu regardes sous l'eau et que tu vois du sable et des rochers grands comme des montagnes,

des algues vertes et du corail rouge,

des petits poissons et des très gros;

quand tu vois des voiles de toutes
les couleurs fendre les flots,

tu es au bord de la mer.

la bibliothèque des tout-petits

les quatre saisons

les cinq sens

la bibliothèque des tout-petits

les quatre éléments

les quatre âges de la vie

la bibliothèque des tout-petits

un jour...

raconte-moi...